एक अनकही कहानी धनबाद की नारी

संजीव रागिनी सिंह

सिमरन आशीष सिंह

Made with ♥ on the Notion Press Platform
www.notionpress.com

मेरे प्रिय पति (आशीष)

मेरे शब्द आपको यह बताने के लिए पर्याप्त नहीं हैं
कि मैं आपसे कितना प्यार करती हूं ।

आप मेरी प्रेरणा हैं, मेरी पूरी दुनिया। आपका प्यार
मेरे जीवन का अनमोल उपहार है।

हमेशा मुझ पर विश्वास करने के लिए बहुत-बहुत
धन्यवाद।

क्रम-सूची

प्रस्तावना

सबसे पहले तो मैं ये बताना चाहूंगी की मैं ये किताब क्यू लिखी।

मुझे मेरी किताब के लिए एक आदर्श इंसान की खोज थी। क्योंकि मैं इस बार जीवनी लिखने वाली थी। हुआ अब यूं की मैं लग गई इस खोज मे की आखिर मैं किसके बारे में लिखूं मेरी नजर में या मेरे नजरिए से एक आदर्श इंसान के अंदर जो गुण होने चाहिए ना वो मुझे किसी मे दिख ही नही रही थी।

फिर एक दिन मैं लैपटॉप पे कुछ खोज रही थी अपनी किताब के लिए ही तब रागिनी के बारे में एक नोटिफिकेशन आई न्यूज वाली मैं खोल के पढ़ी और पता मैं पढ़ती ही चली गई पता नही क्यू मेरे अंदर से आवाज आरही थी मेरी आदर्श नारी रागिनी ही बनेगी। तब क्या था इसके बारे में मैंने अपने पति से पूछा उन्होंने हामी जाता दी क्योंकि कही ना कही उन्हें शायद पता था की मैं सही इंसान के बारे में बोल रही हुं। उन्होंने मुझसे पूछा की तुम्हे उनके बारे मे कुछ पता भी है अब मैं अपनी तरफ से तो अपना होमवर्क कर चुकी थी पर मैं अपने पति से उनके बारे में जानना चाहती थी। तो कह दी नही तो क्या था उन्होंने मुझे काफी कुछ बताया और उसके बाद मैं पुरी तरह से तय कर चुकी थी खुद की मुझे रागिनी पे ही किताब लिखनी है।

अब बारी आती हैं रागिनी से मिलने की तो हमारी मीटिंग फिक्स होती है। मिलने से पहले तो मेरे अंदर जो

भी सवाल थे या जो एक डर था वो बस रागिनी को देखने से पहले तक ही। जब मैं रागिनी को सामने से देखी ना मेरे सवाल और मेरे डर ही खत्म हो गए। क्योंकि उनको देखने के बाद मुझे ये जरा भी नहीं लगा की मैं एक इतनी बड़ी भाजपा नेत्री से मिल रही हूं। मुझे उनको देख कर लगा मैं एक आम औरत से मिल रही हूं जो हमारे जैसी ही है उनमें उनकी ताकत या पद का कोई घमंड नहीं दिखा।

जब धीरे धीरे उनकी बाते सुनी उनके बारे मे जाना। और जब ये सारी बात उन्होंने बताई की उनकी जिंदगी कितनी दुखभरी रही है। कितना उतार चढाव करने बाद वो आज यहां तक पहुंची है ये सब सुनकर तो मेरा दिल मानो ये कर रहा था की मैं उठ कर एक सैल्यूट करू और ये बात उनसे बोलूं की जो आपने करा है और कर रही इतना कोई नहीं कर सकता।

और आज मैं बताऊं मुझे खुद पे घमंड हैं की मैं एक दम सही नारी के बारे में किताब लिख रही हुं।

पावती (स्वीकृति)

मैं इस किताब का सबसे पहला श्रेय रागिनी मैम को देना चाहूंगी क्योंकि उनकी अनुमति और मार्गदर्शन के बिना यह किताब लिखना मुमकिन ही नहीं थी। क्योंकि मुझे जो भी कुछ पता था उनके बारे में वह एक किताब लिखने के लिए पर्याप्त नहीं था, तो उन्होंने हर वक्त राह और सही बात बताई है जिसके कारण मैं यह किताब लिख पाई।

मेरा दूसरा श्रेय मेरे पूरे परिवार को दूंगी इनके सहयोग के बिना मैं यहां तक नहीं आ पाती मां, पापा, छोटू (अहिंशा), दीदी, जीजू, और शैलेश मामाजी आप लोगों के आशीर्वाद और प्यार के बिना मैं कुछ नहीं थी और ना कुछ हूं।

इसमें मेरे पापा (ससुर जी) ने भी मेरी काफी मदद करी है क्योंकि वह काफी समय पहले से ही झरिया में रह रहे हैं लगभग 1961 से ही वह झरिया में है, तो उन्होंने भी मुझे काफी सारी बातें बताई जिसके वजह से मुझे यह किताब लिखने में और ज्यादा आसानी हुई।

और मेरा आखरी और सबसे स्पेशल धन्यवाद मैं अपने पति को कहूंगी इस किताब को लिखने के दौरान मेरी

जिंदगी और मेरी तबीयत में काफी उतार-चढ़ाव आए पर आपने ना मुझे टूटने दिया और ना ही मेरी हिम्मत को, वरना इस किताब के अंत में मेरी तबीयत इतनी खराब थी यह किताब पूरी हो ना मेरे लिए तो कुछ नामुमकिन सा हो गया था।

अस्वीकरण

यह पुस्तक बस लोगों की जुबानी से सुनी हुई और सूत्रों के खबरों से बटोरी हुई टिप्पणी के आधार पर लिखी हुई है।

इस पुस्तक का उद्देश्य किसी भी इंसान को या उसके व्यक्तित्व को ठेस पहुंचाना नहीं है, फिर भी इस किताब के लिखने से किसी को भी ठेस पहुंचती है।

तो हम उनसे तहे दिल से माफी मांगते हैं।

1

मेरी पहली मुलाकात

आज एक महिला से मेरी मुलाक़ात हुई, हालांकि मिलने की बात काफी दिनों से चल रही थी, लेकिन वो अपने काम और जिम्मेदारियों में इतनी व्यस्त थी कि मिल नहीं पा रही थी ।

" फिर करीब 10:00 बजे के आसपास मेरा फोन बजता है मैं फोन उठाती हूं तो फोन पर वही होती है जिनसे मुझे मिलना होता है "

Fiction

मैं : हेलो....

मैम: हेलो सिमरन...

मैं: हां मैम गुड मॉर्निंग...

मैम: आपको मुझसे मिलना था ना तो आज मैं 12:00 फ्री हूं चाहो तो आप आकर मिल लो।

मैं : अब थोड़ी देर के लिए मैं एकदम शांत हो जाती हूं, मुझे समझ ही नहीं आ रहा था कि यह सच है या सपना

फिर मेरे हस्बैंड बोलते हैं क्या हुआ किसका फोन था ?

मैं : बोलती हूं... हमारी अपॉइंटमेंट फिक्स हो गई है ,आज की 12:00 बजे मैम के साथ।

" मेरे हस्बैंड ठीक है ,फिर तुम रेडी हो जाओ चल कर मिल लेते हैं। हम लोग रेडी होकर पहुंच जाते हैं, सिंह मेंशन

मैम का वेट कर रही थी । पर ऐसा लग रहा था, कि अगर कुछ गलत पूछ लिया या बोल दिए, तो कहीं हिंदी बाहुबली पिक्चरों की तरह मेरी भी सर पर बंदूक तो नहीं तान देगे........ इतना सोच ही रही थी , कि अचानक सामने से दरवाजा खुला और मैम आई "

Fiction

जितने भी लोग वहां आए थे। रागिनी से मिलने के लिए , मैडम सभी से हाथ जोड़कर मिल रही थी , और सब की परेशानीयों को गौर से सुन रही थी ।

तब पता है , मुझे क्या लग रहा था ? कि मैं झूठ में इतना कुछ सोच रही थी । सारे लोग चले जाते हैं रागि नी सेमिलकर। तब मैम मेरी तरफ देखती है , और कहती हैं सिमरन कहिए क्या बात है।

मैडम थोड़ी गौर से देख रही थी। फिर मैडम बोलती हैं, सिमरन बोलिए क्या बात है।

फिर मैं बोलती हूं

मैम: मुझे आप पर एक किताब लिखनी है ?

मैम: ठीक है लिखिए कोई बात नहीं। मैं इसमे आप की पूरी मदत करूगी इस बुक को लिखने मे।

मैं: बस आपके बारे में थोड़ी-बहुत जानकारी लेनी है , जो मैं नहीं जानती हूं | मैं आपकी वो दुख से सुख की यात्रा के बारे में जानना चाहती हूं , जो अभी तक यहां की जनता नही जानती हैं, तांकि मैं अपने किताब के जरिए पुरी

जनता तक आपकी ये कहानी पहुंचा सकू।

मैं : " रागिनी की कहानी लिखने से पहले एक बात कहना चाहुंगी की ...... हर युग में राजनीति बहुत ही दिलचस्प रहा हैं, समाज को नियंत्रित करने और समाज के संतुलित विकास में ईमानदार राजनीतिज्ञयों का महत्वपूर्ण योगदान रहा हैं । "

" प्रत्यक्ष या अप्रत्यक्ष रूप से हर व्यक्ति राजनीति से जुड़ा हुआ हैं इसलिए देश के विकास और समृद्धि के लिए जाति-पाति, धर्म, स्वार्थ-लालच से ऊपर उठकर एक ईमानदार नेता का चुनाव करना चाहिए । मुझे यह पता ही नहीं चला कि मैं एक पॉलीटिशियन से मिल रही हूं। मुझे ऐसा लग रहा था उस दौरान ,कि जैसे मानो मैं अपनी बड़ी बहन या दोस्त या मां के आगे बैठी हूं । "

Fiction

ना तो मुझे उनमें कोई घमंड और ना ही किसी चीज की कोई गलत बातें दिखी। बस यह समझ आया की यह काफी अच्छी इंसान है और अपने जमीन से जुड़ी हुई इंसान है।

2

रागिनी से पहले की रानी

रानी का जन्म यूपी के बलिया सिताब दीयर में 23 जनवरी 1982 में हुआ , उनके पिता का नाम स्वर्गीय शशि भूषण सिंह जो पूर्व रेलवे कर्मचारी रह चुके हैं । सेवा मुक्त होने के बाद वह अपने ही घर के खेती को देख-रेख करने लगे, रानी की मां एक ग्रहणी है और रानी की चार बहनें और दो भाई है।

दुनिया में कई रिश्ते हैं लेकिन जो रिश्ता एक माँ और बेटी के बीच में होता है वो अनोखा और अटूट ही होता है। बेटी का होना किसी आशीर्वाद से कम नहीं है।

एक बेटी ही है जिसके साथ आप हंसते हैं, सपने देखते हैं और पूरे दिल से प्यार करते हैं। हर एक माँ अपने बच्चों के लिए

" ख़ास कर अपनी बेटी के लिए हमेशा अच्छा ही चाहती है। और वह बेटी ही है जो बड़ी होकर आपकी सबसे अच्छी दोस्त बनती है। "

रानी का बचपन रानी की जुबानी

रानी बचपन के वक़्त तो मुर्गो की कुकड़ू कू से नींद खुलती थी।, कभी बाबा के तानें , तो कभी मम्मी का प्यार बिस्तर छुड़वाती थी । सूरज के जगने से पहले ही ,दिन शुरू हो जाती थी। हर कोई अपने काम को लेकर काम में लग जाता था। नहा धोकर स्कूल जाने को सब तैयार होते थे,
जिनको मन न होता जाने का , पेट पकड़कर रोते थे ।

रानी अपनी बहनों के बीच मे और पूरे गांव की लड़कियों के बीच में लीडर हुआ करती थी। रानी की एक टोली थी , वो बदमाशिया जितनी करती थी। उससे कई ज्यादा दूसरे लोगो की मदद भी करती थी। रानी और उनकी टोली गर्मियों में जब आम का मौसम आता था तो ये

लोग एक बूढ़े बाबा के बगीचे मे जा कर आम चुराया करते थे और इन सब चीजों को करने में हमेसा रानी सबसे आगे रहती थी।

रानी और उनकी टोली क्या करते जब कभी कोई त्योहार होता तो ये लोग अपने-अपने घर से छिप कर अनाज ले कर आते और उसे दुकान में देकर उससे काफी सारी टॉफियां और खाने की चीजे खरीद लेते और ये सारी चीज़े गांव के , उन गरीब बच्चो को दिया करती थी जो की काफी गरीब हुआ करते थे।

रानी के बचपन के वक़्त तो घर में तोता मैना होते थे।
गर्मियों में इनकी टोली आम के बगीचे मे झूला झूलती रहती थी ,
छुट्टी के दिन गुड़िओ के साथ खेला करती थी , बूढ़े बच्चे बन पड़ते थे ।
शनिवार का आधा स्कूल ,एक उत्सव था । मानो एक त्यौहार था,
'रंगोली', 'चित्रहार', 'रामायण', 'महाभारत' इन सबसे ही रविवार था।

नए साल पे दीवारों पर ग्रीटिंग कार्ड्स की मालायें सजती थी
उन दिनों हर किसी के घर में 'फाल्गुनी पाठक' बजती थी।
तब कहां लड़कियां सुन्दर दिखने को ब्यूटी पार्लर जाती थी

चेहरे पे पाउडर और माथे पे 'शिल्पा गोल्ड' लगाती थी।
कुछ खास रानी की बचपन थी और खास हैं यादें उनकी,
बस यादें ही रह गयी अब , उस बीते हुए जीवन की।
वो दिन न फिर आएंगे , न आएंगी वह रातें,
जब फ़ोन बिना हम सामने से, कर लेते घंटों बातें ।
वो ज़िन्दगी हर लम्हें में मीठी महक उड़ाती थी,
रानी बचपन के वक़्त तो मुर्गा की कुकड़ू कू से नींद खुलती थी ।

" इन सबके बीच में रानी खेलते- खेलते बढ़ी हुई ,गांव में रहने के कारण यह 12वीं तक ही पढ़ाई कर पाई। रानी पढ़ाई के साथ-साथ खेलकूद में भी काफी अच्छी रह चुकी थी। वैसे तो रानी बचपन से ही काफी शांत स्वभाव की है , पर इनकी आंखों में जो तेज है वह एकदम झांसी की रानी के जैसा है। रानी अपने भाई बहनों के साथ अपने ही आंगन में खेलते खेलते कब बड़ी हो गईं पता ही नहीं चला। "

Fiction

रानी जैसे-जैसे बड़ी होने लगी

" उनके माता-पिता को उनकी शादी की चिंता होने लगी । तभी रानी के पिताजी ने रानी की शादी की बात एक विधायक के घर चलाई । जिस घर में रानी की शादी की बात चल रही थी । वह घर कोई और नहीं झरिया के पूर्व विधायक रह चुके स्वर्गीय सूर्यदेव सिंह के घर, उन्हीं के बड़े बेटे राजीव रंजन सिंह के साथ तय हुई थी। "

Fiction

स्वर्गीय सूर्यदेव सिंह को तो सारे लोग जानते हैं, वह किसी भी परिचय के मोहताज ना थे और ना है फिर भी अगले अध्याय में आप लोग उनके बारे में आप पढ़ सकते हैं रानी की शादी ठीक वैसे ही हुई थी । जैसे पहले के समय में शादियां हुआ करती थी।

3

स्वर्गीय सूर्यदेव सिंह और उनका साम्राज्य (सिंह मैन्शन)

झरिया के कोयलांचल में विधायक जी के नाम से प्रसिद्ध स्वर्गीय सूर्यदेव सिंह का नाम आज भी बड़े आदर के साथ लिया जाता है।

" स्वर्गीय सूर्यदेव सिंह जैसे नेता और क्रांतिकारि जिन्होने कोयलांचल के लिए महत्वपूर्ण योगदान दिया, उन्होने कोयलांचल को आधुनिक रूप देने के लिए अपना सर्वस्व न्यौछावर कर दिया "

"

वर्ष 1977 से 1991, 14 वर्षों तक लगातार झरिया के विधायक के रूप में स्वर्गीय सूर्यदेव सिंह ने , यहां के लोगों की सेवा की।

वर्ष 1939 में उत्तर प्रदेश के बलिया जिला, अंतर्गत गोन्हिया छपरा गांव में, एक किसान के घर में जन्मे

स्वर्गीय सूर्यदेव सिंह, उनकी प्रारंभिक शिक्षा गांव में ही हुई।

1961 में युवा गठीला बदन का स्वर्गीय सूर्यदेव सिंह काम की तलाश में गांव से झरिया आए। एक पहलवान के रूप में अपनी पहचान बनाई। मजदूर संगठन से जुड़ कर झरिया के कोयला मजदूरों की सेवा में जुट गए। कुछ वर्षों में ही मजदूर नेता के रूप में अपनी कार्यकुशलता से सबका दिल जीत लिया। मजदूरों और यहां के लोगों के दिलों में ऐसी पहचान बनाई कि जीवन के अंतिम समय तक झरिया के विधायक बने रहे।

गुजरते वक्त के साथ सूर्यदेव सिंह जवानी की दहलीज पर जा पहुंचे थे और उनकी कुश्ती के चर्चे हर तरफ थे । 27 साल की उम्र में ही शादी हो गई , जो इनकी अर्धांगिनी बनी उन्हें आप माता कुंती देवी के नाम से जानते हैं। शादी के कुछ वक्त बाद स्वर्गीय सूर्यदेव सिंह अपनी पत्नी और तीन छोटे भाइयों को इन्होंने धनबाद बुला लिया , ताकि उन्हें एक सुरक्षित भविष्य दिया जा सके।

" स्वर्गीय सूर्यदेव सिंह की तैयार की हुई संगठन जिन्हें हम लोग जनता मजदूर संघ के नाम से जानते हैं "

कहे यह भी जाते है , की स्वर्गीय सूर्यदेव सिंह ..ने उस वक़्त एक संगठन तैयार किए और उस संगठन के माध्यम से जुड़कर झरिया के कोयला मजदूरों की सेवा की । कुछ वर्षों में ही मजदूर नेता के रूप में अपनी कार्यकुशलता से सबका दिल जीत लिया। मजदूरों और यहां के लोगों के दिलों में ऐसी पहचान बनाई कि जीवन के अंतिम समय तक झरिया के विधायक बने रहे। और यह अपने चारों भाइयों की देखरेख एकदम पिता की तरह करते थे। उनके चार भाई थे राजन सिंह, बच्चा सिंह, विक्रम सिंह, और रामधिन सिंह।

झरिया के विधायक स्वर्गीय सूर्यदेव सिंह जेपी आंदोलन के समय समाजवादी नेता लोकनायक जयप्रकाश और युवा तुर्क के नाम से प्रसिद्ध स्वर्गीय चंद्रशेखर के करीब आए। 1970 के दशक में झरिया के विधायक रहते हुए स्वर्गीय सूर्यदेव सिंह ने झरिया के कोयला मजदूरों की सेवा के लिए जनता मजदूर संघ का गठन किया। इसके माध्यम से वे मजदूरों की समस्याओं को लेकर हमेशा लड़ते रहे। उन्हें उनका हक दिलाया।

ताउम्र विधायक रहे गुजरते वक्त के साथ सिंह परिवार और समाज की जिम्मेदारी भी बढ़ती चली गई सभी भाइयों की शादी हो चुकी थी और इनके भी पांच बच्चे

पल बढ़ रहे थे। इनके बच्चो क नाम किरण सिंह, स्वर्गीय राजीव रंजन सिंह, संजीव सिंह और सिद्धार्थ गौतम।

1970 के दशक में झरिया के विधायक रहते हुए सूर्यदेव सिंह ने झरिया के कोयला मजदूरों की सेवा के लिए जनता मजदूर संघ का गठन किया। इसके माध्यम से वे मजदूरों की समस्याओं को लेकर हमेशा लड़ते रहे। उन्हें उनका हक दिलाया। जिसे आज के वक़्त में हम सभी "जनता मज़दूर संग "के नाम से जानते है

वर्ष 1977 में पहली बार जनता पार्टी की टिकट से झरिया के विधायक बने। स्वर्गीय चंद्रशेखर जब प्रधानमंत्री बने तो स्वर्गीय सूर्यदेव सिंह के आग्रह पर कई बार झरिया व धनबाद आए।

झरिया के लोगों को स्वर्गीय सूर्यदेव ने किया एकजुट :

झरिया और इसके आसपास क्षेत्रों में जब भी आपसी माहोल बिगड़ा तो सूर्यदेव सिंह आगे आकर हिंदू, मुस्लिम, सिख ईसाई सभी लोगों को एकजुट कर सांप्रदायिक सच्चाई को कायम किया। 1984 में सिखों पर जब अत्याचार हुआ तो उन्होंने सड़क पर आ कर उनकी रक्षा की। सिंदरी में जब बाहरी-भीतरी को लेकर बवाल हुआ तो वहां पहुंचकर उसे शांत किया। झरिया में जब हिंद- मुस्लिम एकता पर आंच आई तो वे सभी धर्म

के लोगों को एकजुट कर एकता की मिसाल पेश की।

कोयलांचल में एक और कहानी जो आज भी प्रचलित है कहानी एक बंगाली बनर्जी परिवार की है वासेपुर के कुछ गुंडों ने बनर्जी परिवार की बेटी को उठा लिया था। बनर्जी परिवार दहशत में था। पुलिस के पास पहुंचने के बजाय बनर्जी परिवार सूर्यदेव सिंह जी के सिंह मेंशन का दरवाजा खटखटाएं। स्वर्गीय सूर्यदेव निकल पड़े बनर्जी परिवार की बेटी को बचाने, स्वर्गीय सूर्यदेव सिंह जी वासेपुर पहुंचकर अपने बुलंद आवाज में बोले कि अगर 24 घंटे में बेटी वापस नहीं की तो पूरा वासेपुर कब्रिस्तान बन जाएगा, और महेज 12 घंटे के अंदर बनर्जी परिवार की बेटी सकुशल अपने घर पहुंच गई। उसे अगवा करके आसनसोल में रखा गया था।

1991 के दशक में एक पत्रकार ने स्वर्गीय सूर्यदेव सिंह जी से एक सवाल पूछा था जिसका जवाब उन्होंने काफी दिल छू जाने वाले तरीके से दिया था।

•

पत्रकार का पूछा हुआ सवाल.....?

"पत्रकार ने स्वर्गीय सूर्यदेव सिंह से यह सवाल पूछा था कि आप सांसद का चुनाव क्यों नहीं लड़ते हैं ? जबकि धनबाद में आपको चाहने

वाले समर्थकों की कमी नहीं है ? संभव है कुछ प्रेम से वोट देंगे और कुछ डर से लेकिन वोट तो आप ही को देंगे ?

स्वर्गीय सूर्यदेव सिंह का जवाब कुछ इस तरह था

Jharia Talkies (which formed part of the complex) was once again Surajdeo's property.

There is, of course, another face of Surajdeo Singh, the one which he claimed was never highlighted by the media. He may have been a dreaded mafia leader, but the people of the coal belt remember him as a caring overlord who never hesitated to safeguard the interests of the poor and the exploited. "He may have made crores, but his heart was with the penniless and downtrodden. Surajdeo never forgot his days deep down in the coal pits, his years of struggle," said Ranbir Singh, Surajdeo's faithful bodyguard.

But Surajdeo's bloody exploits tended to overshadow all the good work done by him. And Surajdeo was getting tired being labelled as a mafia leader. In introspective moments, he used to tell his eldest daughter, "Never mind what they write about me. You at least know that I am not a criminal."

The stress of running away from the law was also beginning to tell upon him. Though Surajdeo was acquitted in a number of cases, there were many more pending against him in different parts of the country. He often told his friends, "Why don't the authorities leave me alone. All I have done is my past. I too have a future."

But to the Dhanbad authorities, Surajdeo was a challenge and they kept up the chase even while he was campaigning in Arrah for the recently-concluded parliamentary polls—Surajdeo contested the Lok Sabha polls this time from Arrah on a Samajwadi Janata Party ticket—he got the news that the police had frozen bank accounts worth crores which were traced to his name. According to a close aide of the don, Surajdeo slumped soon after and the mental agony could be one of the reasons for the fatal heart attack that he suffered a few days later.

Destiny was perhaps a bit too cruel with Surajdeo Singh. ●

Shivnath Jha and Rajiv Bagchi/Dhanbad and Jharia

Surajdeo Singh taken ill while addressing an election meeting in Bihar

" बीमार होते हुए भी बिहार में एक चुनावी सभा को संबोधित करते हुए स्वर्गीय सूर्यदेव सिंह पत्रकार के सवल के जवाब कुछ इस तरह दिए "

"उस दिन आप सवाल पूछे थे कि मैं संसद का चुनाव क्यों नहीं लड़ता जबकि धनबाद में मुझे चाहने वाले, समर्थकों की कमी नहीं है। संभव है कुछ प्रेम से वोट देंगे, कुछ भय से – लेकिन वोट तो आपको ही देंगे। आपका प्रश्न बहुत ही सटीक था। आप उस प्रश्न में मेरे सम्पूर्ण व्यक्तित्व को दर्शा दिए – कुछ प्रेम से तो कुछ भय से। क्योंकि भय बिन होत न प्रित। "

"धनबाद में छह विधानसभा क्षेत्र हैं और एक लोक सभा क्षेत्र। लेकिन जब चुनाव आता है, पटना से दिल्ली तक सभी लोगों की निगाहें झरिया पर ही टिकी होती है। हमारे लिए झरिया महज विधान सभा क्षेत्र नहीं है, बल्कि एक जीवन मुकाम है। एक घर है। एक परिवार है। यहाँ की मिटटी में हम, हमारा परिवार, गाँव के लोग, समाज के लोग, सगे-सम्बन्धी ही नहीं, बल्कि कोयला क्षेत्र में सांस लेने वाला प्रत्येक मजदुर, उसका परिवार, उसके बाल-बच्चे) पला है, बड़ा हुआ है, बड़ा हो रहा है। हमारी यह दुनिया भले झरिया विधान सभा के नाम से जाना जाता हो, लेकिन यही दुनिया हम सबों के लिए ब्रह्माण्ड है। इस ब्रह्माण्ड पर हज़ारों लोगों की निगाहें टिकी है। सभी झरिया पर राज करना चाहते हैं। लेकिन आप ही बताएं कि जहाँ की मिटटी में हम सभी पले, बड़े हुए, उसे छोड़कर सांसद क्यों बने? वैसे भी मैं भारतीय संसद के लिए नहीं बना हूँ। हम बिहार विधान सभा के लिए ही ठीक हूँ, संतुष्ट हूँ।"

स्वर्गीय सूर्यदेव सिंह आगे कहते हैं:

"हमारे लिए जैसे बच्चा है, जैसे रामाधीर है, जैसे राजन है, जैसे हमारे बच्चे हैं, जैसे उसके बच्चे हैं; झरिया और कोयला क्षेत्र के लोग हैं। हम खून के सम्बद्ध के आधार पर भावनात्मक और संवेदनात्मक संबंधों को नहीं बाँट सकते हैं। यह एक संवेदनात्मक सम्बन्ध है। हम सभी अगर झरिया को छोड़ देंगे तो कोई और लपक लेगा। प्रकृति का यही नियम है।"

यह भी कहा जाता है कि जब स्वर्गीय सूर्यदेव सिंह अपनी यह बात उस पत्रकार के सामने बोल रहे थे तब यह बात सुनने वाले जितने भी लोग वहां मौजूद थे झरिया के वह मजदूर हो या आम आदमी हो हर किसी की आंखें उनकी बात सुनने के बाद नम हो गई थी और इससे यह पता चलता है कि हमारे स्वर्गीय सूर्यदेव सिंह झरिया से और झरिया की एक कन से भी कितना ज्यादा प्रेम करते थे।

झरिया के विधायक सूर्यदेव सिंह का लोकसभा चुनाव के दौरान वर्ष 1991 में आरा में दिल का दौरा पड़ने से निधन हो गया। इसके बाद उनके अनुज बच्चा सिंह झरिया के विधायक और झारखंड के मंत्री बने। इसके बाद स्व सूर्यदेव की पत्नी कुंती देवी और पुत्र संजीव सिंह झरिया के विधायक बने।

जनता के प्रति प्रेम

स्वर्गीय सूर्यदेव सिंह की कमी आज भी झरिया की जनता को खलती है क्योंकि वह जो काम किए थे या कर रहे थे चाहे वह जनता की खुशी का हो या वह जनता के दुख का हो वह हर चीज में मौजूद रहते थे। वह जनता के आगे ना तो दिन देखते थे और ना ही रात वह दिन को दिन नहीं समझते थे और रात को रात नहीं समझते थे।

वह जब तक जनता की तकलीफ दूर ना कर दे वहां से वह हिलते नहीं थे, भले ही दिन से रात क्यों ना हो जाये और रात से अगला दिन क्यों ना हो जाये। उनके लिए कुछ मायने रखता था तो बस जनता के दुख को दूर करना और इसलिए झरिया की जनता उन्हें मजदूरों का मसीहा कहती थी और उनके कुछ विद्रोही उनको माफिया भी कहते थे क्योंकि वह जनता के लिए लड़ते थे चाहे धन से हो, चाहे बल से हो या चाहे शरीर से हो वह जनता के लिए अपना सर्वस्व न्यौछावर कर दिये थे।

4

नामकरण रानी से रागनी

जब रानी की शादी तय हुई थी, तब ना तो रानी ने अपने होने वाले पति को देखा था। और ना ही राजीव रंजन ने अपनी पत्नी रानी को देखा था। यह शादी बिल्कुल पहले के जमाने के जैसे हुई थी। क्योंकि दोनों घर भले ही काफी बड़े थे। पर उनके संस्कार नहीं बदले थे,

शादी काफी धूमधाम से हुई ,कई बड़े नेता और बिजनेसमैन लोग, इनकी शादी मे शामिल होने सिंह मैंशन पहुंचे थे। धूमधाम से शादी हुई भी और शादी होती भी क्यों ना , क्योकि यह शादी कोयलंचल मजदूर मसिहा के नाम से जाने -जानने वाले मज़दूर नेता स्व सूर्य देव सिंह जी के प्रथम पुत्र राजीव रंजन सिंह की जो थी। सिंह मेंशन के परिवार और रानी के परिवार काफी खुश थी। कहा ये भी जाता है, कि झरिया से काफी संख्या मे लोग पहुंचे थे। सिंह मैंशन रजीव रंजन सिंह

कि शादी को देखने और शामिल भी हुऐ ।

जब रानी शादी के बाद अपने ससुराल यानी सिंह मैंशन आईं , तब उन्हें ये कभी अफसोस नहीं हुआ ,कि वह अपने मां-पिता से दूर हैं। क्योंकि उनके ससुराल वालों ने कभी ये महसूस होने नहीं दिया।

जिसमे सबसे ज्यादा योगदान इनकी मां यानी ,माता कुंती देवी जी की थी। इनकी ननंद किरण सिंह, ज्योति सिंह, संजीव सिंह, शशि सिंह और सिद्धार्थ गौतम का है। और इनके साथ-साथ सब के लोकप्रिय रामधीन चाचा जी इन सारे लोगों ने इतना प्यार दिया कि इन्हें कभी अपने मायके की याद नहीं आई ।

साथ-साथ दो जोड़े एक रिश्ते में बंधे थे, उनकी भी नजदीकियां बढ़ती चली गईं। धीरे-धीरे रानी सबकी दुलारी हो गई.। रानी अपनी जिम्मेदारी बहुत अच्छे से निभाती चली गई ।

सब परिवार और एक- एक इंसान का रानी ख्याल रखने लगी, दिन कैसे बीता चला गया पता ही नहीं चला सारे लोग साथ में रहते । हंसी-मजाक करते सब कुछ एकदम परफेक्ट हो चुका था

फिर एक दिन ऐसे ही सारे लोग शाम में एक साथ चाय पी रहे थे तभी बातों-बातों में रामाधीर सिंह ने पूरे घर के सामने यह बात रखी कि आज के बाद रानी को रानी के नाम से नहीं बुलाया जाएगा सारे लोग काफी हैरान थे, यह बात सुनकर कि अचानक चाचा जी (रामधीन सिंह) ऐसा क्यों बोल रहे हैं क्या हो गया।

चाचा जी आज मैं रानी का नामकरण करता हूं। रानी अब रागिनी बुलाई जाएगी यह सुनकर सारे लोग थोड़ा हैरान हो गए रामाधीन सिंह बोले रानी पुराना नाम और गांव का नाम लगता है| हम लोग यहां शहर में रहते हैं। तो यहां के हिसाब से नाम होना चाहिए, इसलिए रानी अब रानी नहीं रागिनी है तब जाकर सारे लोग खुश हुए और तब से लेकर आज तक रानी को भूलकर रागिनी के नाम से लोग जानने लगे

"आज ऐसा समय है कि कोई ये भी नहीं जानता, कि रागिनी का नाम किसी समय में रानी हुआ करता था।

5

राजीव का गुम होना

राजीव रंजन

शादी के बाद पहली बार दोनों एक साथ माता रानी की आरती करने कतरास मोड़ के ऑफिस पहुंचने वाले थे। राजीव बेहद खुश थे, क्योंकि वह पहली बार अपनी पत्नी यानि रागिनी के साथ माता रानी की पूजा करने

वाले थे। उन्होंने रागिनी को काफी सारी बातें भी बताई थी, कि तुम ऐसे तैयार होना यह साड़ी पहनना और रागिनी भी बस मानो शाम होने का इंतजार करने लगी क्योंकि , उन्हें भी अपने पति के लिए जो तैयार होना था ।

शाम हो तो गई , रागिनी तैयार भी हो गई पर उन्हें कहां पता था कि वह अब कभी राजीव को देख ही नहीं पाएंगी, उनकी इंतजार तो बस इंतजार ही रह जाएगी गाड़ी घर पर आई तो लेकिन वह रागिनी को लेने नहीं ।

हुआ यु था की उस वक्त धनबाद के कोयला व्यापारी की हत्या हुई थी। और इसमें सीधा आरोप राजीव रंजन ..और रामधीन सिंह.. यानी कि उनके चाचा पर लगा।और एफआईआरबी हो चुकी थी ।

जब यह सब सुनकर राजीव रंजन कतरास मोड़ ऑफिस से निकल कर अपने घर पहुंचे और ऐसा माना और कहा जाता है 'पता नहीं' कि कुछ अपने ही लोगों ने बहती गंगा में हाथ धोने का फैसला पहले से ही बना रखा था । यह लोग घर के बड़े होने के नाते राजीव रंजन को अपनी-अपनी नसीहत देने लगे और राजीव रंजन बेचारे सब की बात मानकर यहां से कोलकाता चले गए । उन्हें कहा पता था, की उनके ही लोग उनको बचाने के लिए वहां नहीं भेज रहे हैं

बल्कि पूरी दुनिया से दूर करने के लिए भेज रहे है। जब राजीव रंजन धनबाद से चले गए तब रागिनी यानी उनकी पत्नी को पता चला ।

वह बेचारी तो मिल भी नहीं पाई और ना ही कोई बात उन्हें पता चल पाई , उसके बाद राजीव रंजन कोलकाता पहुंचे और वहां पहुंचने के लगभग 2 दिन तक सब ठीक था। 2 दिन तक घर पर भी बात कर लिया करते थे । पर बदकिस्मती यह हुई कि रागिनी से कभी भी बात नहीं हो पाई।

जब भी फोन करते तो कोई और फोन उठा लेता रागिनी अपने घर में रखे लैंडलाइन तक पहुंच ही नहीं पाती थी। हमेशा किसी ना किसी काम में व्यस्त रह जाती थी , पहुंचते-पहुंचते तक फोन ही कट जाती थी। यह 2 दिन तक हुआ ।

उसके बाद कभी राजीव रंजन का फोन नहीं आया । रागिनी के साथ-साथ पूरा परिवार उनका इंतजार करने लगा पर कोई खबर नहीं मिली। रागिनी बेचारी हमेशा फोन के पास ही रहती , कि कहीं एक बार फोन आ जाए और मैं बात कर लूं लेकिन ऐसा हुआ ही नहीं।

दिन गुजरने लगे वक्त बीतने लगे सब लोग तो इंतजार करते-करते अपने काम को भी देख

लेते, पर उसका क्या जिसकी पत्नी अपने पति की राह सज-धज के देख रही थी । कि वह आएंगे और मुझे देखेंगे और अपने साथ ले जाएंगे पर हुआ क्या " किस्मत को यह कहा मंजूर था "

Fiction

किस्मत को तो कुछ और ही मंजूर थी , ना तो राजीव रंजन आए और ना ही उनके नाम का फोन आया ।

" टूटना बिखरना उस औरत से पूछिए जिसने यह चीज अपने आंखों से देखा है। बेचारी रागनी अपना दुख भी अपने परिवार के सामने जाहिर नहीं कर पाती थी , क्योंकि उनको यह लगता था ,कि मुझे ऐसा बिखरता देख मेरे परिवार वालों का क्या होगा "

"वह सब को सबके सामने संभाल लेती और दिलासा दे देती कि नहीं सब ठीक हो जाएगा और वह आएंगे पर उनको कौन दिलासा देता उनका दर्द बस वह जानती थी। उनका कमरा जहां जाकर दरवाजा लगा कर रात रात भर तड़पती चिल्लाती रोती पर उनका दर्द सुनने वाला कोई नहीं बस वह और उनका कमरा और कमरे की दीवारें "

Fiction

रागिनी का सारा ध्यान हमेशा उस लैंडलाइन की घंटी पर रहती थी । जब भी रिंग होता वह भागकर जाकर फोन उठाती , यह सोच कर कि यह उनका ही फोन होगा पर वह फोन कभी नहीं आया राजीव रंजन के नाम से कभी फोन की घंटी बजी ही नहीं।

यह दुख कम था कि भगवान ने एक और दुख दोबारा दे दिया

हुआ ऐसा फिर फोन की घंटी बजी और रागिनी भागी भागी जाकर फोन उठाई तो उधर से यह बात सामने आई कि

" हेलो रानी तेरे पिताजी राजीव का गम बर्दाश्त नहीं कर पाए और उन्हें दिल का दौरा

पड़ा वह अब नहीं रहे "

Fiction

अब क्या अब यह बात सुनकर मानो रागिनी एकदम जीती जागता लाश हो गई

उन्हें कुछ समझ नहीं आया और उस वक्त क्या हो रहा था उनके साथ पहले पति का ना मिलना फिर पिता का गुजर जाना। अपनी जिंदगी की दो सबसे मजबूत लोगों को खो दिया था। अब बचा ही क्या था

किसका विलाप करती और किसका नहीं रागिनी के सर पर तो दुखों का पहाड़ बन कर टूटे ही जा रहा था। रागिनी इतने दुख में थी कि उन्हें यह भी अंदाजा नहीं हुआ कि उनके अंदर एक

" नई खुशी की किरण पल बढ़ रही थी "

6

रागिनी का दर्द राजीव के बिना

रागिनी को पता चला कि अब उनके पति नही रहे उनकी सांसें साथ छोड़ गईं। वो सुहागन नहीं रही लेकिन वो ये समझने को तैयार नहीं थी , क्योंकि वो उस दिन का इंतजार कर रही थी की वो आएंगे पर ऐसा हुआ ही नहीं।

उनकी मां के लिए वो जिंदा थे। उनके चाचा जी , भाई , बहन और उनके परिवार को " राजीव के सीने की धड़कन महसूस हो रहे थी" उनके इस भरोसे ने रागिनी को मजबूर कर दिया। क्या कहती वो पूरे परिवार से कि उनका बेटा मर चुका है? रागनी को भी ये महसुस नही होता था की राजीव नही रहे, पर परिवार के वजह से रागिनी तो महीनों से

" सालो तक उस सुहाग के नाम का सिंदूर लगाती रही, जो गुजर चुका था। सोचिए मांग भरते हुए रागिनी कितने बार मरी होगी?

Fiction

राजीव के दुःख ने उन्हे जी भरकर रोने भी न दिया। माता कुंती और रागिनी अंदर जाकर रो लेती थी। बहन किरण सिंह

" राजीव के बिना किरण की जिंदगी धुंदली सी हो गई "

" किरण मनो उनका जीवन ऐसे हो गई थी, की राजीव के बिना किरण की जिंदगी धुंदली सी हो गई हों , क्योंकि किरण सिंह राजीव रंजन सिंह को अपने पिता के रूप में देखती, तो उनमे उनको अपने पिताजी दिखते और कहा तो ये भी जाता है कि, वो किरण सिंह को उनके पिता स्वर्गीय सूर्यदेव सिंह के तरह किरण को समझाते बुझाते और मार्गदर्शन देते थे "

Fiction

जैसे की आप सभी जानते हैं की भाई बहन का रस्ता एक अटूट रिश्ता होता है जिसमे लड़ाई, झगडा, प्यार, मस्ती सब कुछ एक भाई बहन के रिश्ते में छुपा होता है । अगर भाई बहन के रिश्ते में ये सब न हो तो फिर उस भाई बहन के रिश्ते ही क्या ?

संजीव और मनीष को तो ऐसा लगने लगा मनो पिता की छाया ही उनके सिर से हट गया हो ।

शशि तो ये मानने को तैयार ही नहीं थे । की उनके बड़े भाई हत्या हो गई है

चाचा जी (रामधीन सिंह) वो सब कुछ समझते, पर वो भी कितना समझाते वो खुद टूट के बिखरे हुऐ थे । वो करते भी तो क्या वो जो समय था और वो जो समय चल

रहा था , उस समय वो भी बिलकुल मानने को तैयार नहीं थे । पर वो सब को काफी समझाते-बुझाते और दिलासा देते सब ठीक हो जाएगा चिंता मत करो ।

" पर रागिनी को कौन समझाए वो बोलना ही भूल चुकी थी ,समझना ही नहीं चाहती। उनको सिर्फ तीन चीज़ दिखाई देती फ़ोन ,गेट और परिवार । ये वो तीन चीज़ थी जो रागिनी जी की लाइफ पार्टनर बन चुकी थी "

इनमे एक राजीव की सबसे दुलारी और सबसे छोटी बहन थी

" गुडी जिससे राजीव सबसे ज्यादा प्यार करते थे। और गुडी भी अगर पूरे घर मे किसी को मानती होगी तो वो उसके भैया ही थे। वो इंतजार करते- करते मानो एक दम मौन सी होती चली गई थी। काफी गहरा असर पड़ा था गुडी पे राजीव के गुमशुदगी का और ऊपर से , जब ये खबर मिली की वो नही रहे । तब तो बेचारी जिंदा लास ही बन गई थी। यहां तक कि वो शादी भी करने को तैयार नहीं हो रही थी। मैं शादी तब ही करूंगी जब भैया आयेंगे पर ये ईश्वर को कहा मंजूर था। आखिरी मे गुडी को भी परिवार के दबाओ मे आकर अपने भाई के बिना ही शादी करनी पड़ी। पर आज भी गुडी अपने भाई का इंतजार करती है। वो

आज भी ये बात नही मानी है की उनके भाई अब नही रहे ...."

यादें माता कुंती और राजीव रंजन

जब ये बात धीरे धीरे सामने आने लगी की राजीव की हत्या कर दी गई। मानो पूरे परिवार मे जो खलबली मच गई थी। जिसकी कल्पना भी नहीं की जा सकती थी उस वक्त।

पूरे घर ने ये फैसला लिया की राजीव की गुमशुदगी को लेकर सीबीआई जांच करवाएंगे कुछ पता चलेगा।

कहा ऐसा जाता है की सीबीआई जांच को लेकर कुंती देवी अपने ही परिवार वालो के पास गई थी जिनलोगो की मदद या पहचान सूर्यदेव सिंह के बदौलत बनी थी उन्हीं लोगो ने आज उनकी दुख मे उनके परिवार वालो को पहचाने से इंकार करने लगे और गलत इल्जाम उल्टा लगाने लगे।

7

किलकारी

लोग कहते है ना की अगर आप कोई चीज बड़ी शिदत से चाहो तो पुरी कायनात उसे आपसे मिलाने मे लग जाती है। ऐसा ही कुछ हुआ इस परिवार में लोग तड़प रहे थे। की कही से एक रोशनी की किरण सिंह मेंशन पे पड़ जाए। थोड़ी सी ही सही कोई उम्मीद तो मिले जीने की.....।

ये उम्मीद और ये खुशी तो बहुत पहले से पल रही थी । खुद उनके कोख में जिसने जीने की आस ही छोड़ दी थी।

" जी हा ये नन्ही सी खुशी तो रागिनी के अंदर ही उनके साथ जी रही थी। पर उन्हें पता ही नही चला।

एक दिन अचानक रागिनी को चकर आ रहे थे। घर के लोग और खुद रागिनी ये सोची की उनकी तबीयत बिगड़ी हुई है वो ठीक नही हैं। घर के करीबी डॉक्टर को घर पे रागिनी की चेकअप के लिए बुलाया गया तब उस डॉक्टर ने ये बात सबको बताई की रागिनी मां बनने वाली हैं "

Fiction

तब घर के लोगो की आंख फिर नम हुई पर इस बार ये आशु खुशी की थी।

सब लोगो ने भगवान का शुक्रिया किया। उस समय ऐसा लगा मानो पूरे घर को दुबारा जिंदगी मिली हो ।

" तब से ही घर की रौनक थोड़ी-थोड़ी बदलने लगी। ऐसा नहीं कह रही की दुख के बादल पूरे तरह से हट गए थे । नही......... "

बस बादल के अंदर से एक हल्की सी रोशनी आ रही थी । जो घर के लोगो को एक वजह मिली थी दुबारा जीने की बस इतना ही था।

कुछ बदला नही था कुछ ठीक हुआ नही था। सबके दर्द वही थे । बस एक हल्का से मुस्कुराने का बहाना मिला था बस।

धीरे-धीरे महीने बीतने लगे और उस नन्ही सी जान की आने के दिन नजदीक आने लगे। सारे घर के लोगो को उसके आने के पहले से ही उससे प्यार होगया था। तो सोचिए वो आयेगी तब कितना प्यार मिलेगा उसे।

उस दर्द मे भी वो राजीव को याद कर रही थी।

" एक दिन अचानक रागिनी के पेट मे काफी दर्द हुआ तब डॉक्टर को जल्दी से बुलाया गया।
डॉक्टर आई और रागिनी को देखना शुरू की तब रागिनी को दर्द बहुत ज्यादा हो रहा था। वो उस दर्द को सह नहीं पा रही थी। पर उस दर्द मे भी वो राजीव को याद कर रही थी। तभी अचानक पूरे क्लिनिक मे बच्चे की रोने की आवाज गूंजी। सब सेहम से गए, डॉक्टर बाहर आई और बोली बधाई हो ...."

आपके घर लक्ष्मी आई है ये सुन कर सारे लोग मानो इतने खुश थे की जैसे ना जाने क्या मिल गया हो।

फिर घर के सारे लोग एक एक कर के उस नन्ही सी जान को अपनी गोद मे लेने लगे। थोड़े देर बाद जब रागिनी को होश आया तो उनके बगल मे उस नन्ही सी जान को रखा गया, वो भी काफी खुश थी उसे देखकर पर कहते है पर सब्लोगो के बीच मे भी वो सबकुछ जानने के बाद भी उनकी निगाहें राजीव को ही ढूंढ रही थी।

.

नई खुशी ने जीने की वजह तो दी थी पर वो दर्द का क्या जो हमेसा सीने मे चुभ रहा था।

रागिनी के जीवन में परेशानियां खत्म ही नहीं हो रही थीं। उन्हें ऐसा लगने लगा था कि जीवनभर उन्हें सुख मिल ही नहीं पाएगा। उन्होंने देवी-देवताओं की पूजा की, कई मंदिरों में प्रार्थना की, लेकिन उन्हें सकारात्मक फल नहीं मिल रही थी । वे अपने क्षेत्र के प्रसिद्ध भगवान शिव जी के मंदिर हमेसा जाती रहती। अपनी दुःख दर्द वो अपने शिव भगवान से बोलती और वहां से चले जाती। मानो मंदिर ही रागिनी का एक मात्र बिकल्प बन गई थी उनके जिंदिगी की।

वो नन्ही सी जान तो घर मे सबकी जान बन गई थी। कोई कही से भी आता सबसे पहले उससे ही मिलने जाता हर कोई बस घर मे ही रहने का बहाना खोजता। फिर पूरे घर के लोगो ने बड़े धूम धाम से अपनी लक्ष्मी का नामकरण किया और नाम रखा उसके छोटे पापा संजीव ने साक्षी।

वो सबसे ज्यादा किसी को मानती तो अपने छोटे पापा को। और वो भी जान देते थे साक्षी पे।

साक्षी

धीरे धीरे साक्षी बड़ी होने लगी

" रागिनी को भी जैसे बहुत बड़ा सहारा मिलने लगा, वो दिन भर साक्षी के साथ ही अपना वक्त बिताने लगी साक्षी पूरे घर के लिए उस मरहम की तरह होगई , जिससे धीरे धीरे गहरा सा घाव भरने लगता हैं। हर किसी को उसकी आदत हो गयी। सबसे ज्यादा संजीव को, साक्षी भी संजीव को ही अपना पिता मानने लगी वो प्यार से अपनी तोतली बोली

मे संजीव को बाबू बोलती थी। "

" साक्षी अपने छोटे पापा यानी की संजीव सिंह मे अपने पिता को देखती थी, उसको कहा पता था । की उनके पिता राजीव गुमशुदा होगए और ये बात कही न कही रागिनी और पूरे परिवार के अंदर चल रही थी, की जब साक्षी बड़ी होगी और अपने पिता के बारे में पूछेगी तो क्या जवाब देंगे इसका जवाब तो किसी के पास नही था और न किसी मे इस चीज से रूबरू होने की हिम्मत। "

रागिनी और पूरे परिवार के अंदर एक बात चल रही थी की जब साक्षी बड़ी होगी और अपने पिता के बारे में पूछेगी तो क्या जवाब देंगे इसका जवाब तो किसी के पास नही था

" साक्षी के साथ साथ संजीव भी साक्षी पे जान देते थे। और उन्होंने पूरे परिवार और रागिनी के साथ मिलकर ये फैसला लिया की साक्षी को मैं अपना नाम दूंगा मेरी बच्ची बिना पिता के नाम के नही रहेगी। ये फैसला रागिनी के लिए इतना आसान तो नही था लेकिन परिवार के जिद के कारण और अपने बच्चे के भविष्य के

कारण हां.... करना पड़ा। "

Fiction

• 44 •

8

संजीव सिंह से दोबारा शादी

राजीव की गुमशुदगी के बाद रागिनी को साक्षि के भविष्य की चिंता सताने लगी। रागिनी और पूरे परिवार के अंदर एक बात चल रही थी। की जब साक्षी बड़ी होगी और अपने पिता के बारे में पूछेगी तो क्या जवाब दुगी ? ये जो भय....? था , वो पूरे परिवार के अंदर भयभीत करने लगी।

और साक्षि का सवाल जो भविष्य मे चिंता का
विषय ,
रागिनी के लिए बनने वाली थी। भय....?

.

साक्षी का भय (डर) ?

साक्षी

जैसे-जैसे साक्षी बड़ी होने लगी। मस्तिष्क का विकास उतनी ही तेजी से विकसित होने लगी।

उतने ही तेजी पूरे परिवार के अंदर एक बात चल रही थी। की जब साक्षी बड़ी होगी और अपने पिता के बारे में पूछेगी तो क्या जवाब देंगे ?

पूर्व विधायक संजीव सिंह वर्णन

" संजीव जब मैं 6 साल का था तब मैंने अपने पिता को खो दिया था इसलिए मैं ये पीड़ा बहुत अच्छे से जानता हु की बिना बाप के समाज में रहना कितना मुश्किल होता है। बच्चे को उज्ज्वल भविष्य उसे एक संरक्षकता और एक पहचान देने के लिए हमने शादी करने का फैसला लिए "

भय ने किया दोनों का रिश्ता तय

भय ने किया दोनों का रिश्ता तय

रागिनी ने बाकी का जीवन इसी तरह अकेले बिताने को अपनी नियति मान लिया था लेकिन रागिनी की सास यानी माता कुंती देवी ,संजीव और सिंह मेंशन के पूरा परिवार ने बड़ा फैसला लिया। अपनी बहू के जीवन दोबारा बसाने का फैसला किया । लेकिन इस फैसले को अंजाम देना इतना आसान नही था। रागिनी को राजी करना फिर समाज को इस विवाह को स्वीकार करवाना बड़ी चुनौती थी, लेकिन दोनों ही काम में ज्यादा समस्या नहीं आई और आज दोनों शादी करने का फैसला ले लिया।

माता कुंती देवी फैसला

" माता कुंती देवी ने रागिनी को न सिर्फ दोबारा शादी के लिए राजी किया, बल्कि कोर्ट में पूरे रीति रिवाज से उसकी शादी करवाने का फैसला लिया । भारतीय समाज में अक्सर कुरीतियों की खबरें आती रहती हैं , लेकिन कभी-कभी इसी समाज से अच्छी परम्पराओं की खबरें आती है , तो समाज के सुधार की उम्मीदें बढ़ जाती है। सिंह मेंशन से भी अच्छी उम्मीदें जगाने वाली खबर आई थी। यहां एक सास ने अपनी बहू को न सिर्फ दोबारा शादी के लिए राजी किया, बल्कि कोर्ट में पूरे रीति

रिवाज से समाज को बुलाकर उसकी शादी भी करवाने का फैसला लिया इस विवाह की बात से ही चारो तरफ तारीफ हो रही थीं "

Fiction

साक्षी के सवालों के भय के कारण पूरे परिवार और रागिनी को साथ मिलकर ये फैसला लिया की संजीव अपना नाम देंगे साक्षी को , मेरी बच्ची बिना पिता के नाम के नही रहेगी। ये फैसला रागिनी के लिए इतना आसान तो नही था लेकिन परिवार के जिद के कारण और अपने बच्चे के भविष्य के कारण हां.... करना पड़ा।

हर किसी को उसकी आदत हो गयी। सबसे ज्यादा संजीव को क्योंकि संजीव को पता था" साक्षी " का अर्थ। और साक्षी वह एक नाम है जो पूरे परिवार को उनके भाई राजीव से जोड़ती थी , साक्षी भी संजीव को ही अपना पिता मानने लगी वो प्यार से अपनी तोतली बोली मे संजीव को बाबू बोलती थी।

घर के फैसले के बाद शादी के लिए कोर्ट में अर्जी दी गई और कोर्ट की तारीख आने का इंतजार होने लगा। तब तक संजीव और रागिनी दोनों को यह समझने का मौका मिला कि हमें यह साक्षी के भविष्य के लिए करना ही पड़ेगा, इस बीच सबसे ज्यादा किसी को समझने की जरूरत थी तो वह रागिनी को क्योंकि वह साक्षी को पिता का नाम देने के साथ-साथ कहीं ना कहीं खुद को भी दूसरा मौका देने वाली थी।

डर और सवाल तो काफी रहे होंगे रागिनी के जेहन में? और उन सवालों का जवाब उन्हें खुद से ही खुद के अंदर ही ढूंढना था और खुद को समझाना भी था। पहले पति के ना मिलने का गम फिर उसकी हत्या होने की बात और अब बेटी के सवालों का डर इन सब में कहीं ना कहीं उलझ रही थी रागिनी।

खुद से ही सवाल और जवाब करने के बाद रागिनी ने धीरे-धीरे खुद को इस चीज के लिए मनाया कि वह खुद को भी एक दूसरा मौका देंगी.....

फिर धीरे-धीरे रागिनी ने संजीव को कहीं ना कहीं समझना शुरू किया और काफी हद तक समझ भी गई थी। धीरे-धीरे संजीव ने भी रागनी को समझना शुरू कर दिया था ,और काफी हद तक रागनी को समझने लगे थे।फिर हुआ यूं कि कोर्ट से तारीख भी आ गई थी मैरिज की

" संजीव और रागिनी के कोर्ट मैरिज मे सम्मिलित हुए लोग "

तब तक कोर्ट से तारीख आ गई शादी में घर के कुछ खास लोग जैसे माता कुंती इंदु देवी और उनके परिवार के कुछ खास लोग ही शादी में मौजूद थे क्योंकि ज्यादा लोगों में इस बात का जिक्र करना घर के लोग नहीं चाहते थे।

और सिंह मेंशन में भी ऐसा पहली बार हो रहा था कि किसी की दोबारा शादी हो रही है शादी काफी अच्छे से हो चुकी थी । और शादी के बाद सब कुछ धीरे-धीरे सही भी हो रहा था समय काफी अच्छा गुजर रहा था और समय के अनुसार सब कुछ ठीक भी हो रहा था।

9

पूर्व विधायक संजीव सिंह कि गिरफ्तरी

पुरानी दुख फिर से

सब कुछ ठीक-ठाक चल रहा था , लग रहा था मानो जिंदगी की रेल अब सही पटरी पे चल रही है।

हर कोई अपनी जिंदगी में आगे बढ़ चुका था , हर चीज ठीक हो चुकी थी। संजीव सिंह भी विधायक बन चुके थे , झरिया में काफी काम भी किए उन्होंने अपने समय में। और रागिनी ने एक बेटे को भी जन्म दिया जिसका नाम सूर्यांश रखा गया था। जिंदगी एक दम संतुलित हो गई थी। रागिनी भी अपनी जिंदगी में काफी आगे आ चुकी थी और खुश भी थी। पर पता नही भगवान को इनकी खुसियो से क्या दिक्कत है , इन्हे खुश क्यू नही रहने देते। या यू कहे कि , दुनिया की नजर लग जाती हैं

इनकी खुसियों को पता नहीं ?

फिर एक दिन यह खबर मिलती है शाम के समय की हत्या हो गई किसकी हत्या हुई तो नीरज सिंह की संजीव सिंह के चचेरे भाई की हत्या कर दी गई है। इस चीज का लोग शोक मना ही रहे थे तभी अचानक यह बातें पता चलती है, कि हत्या संजीव सिंह ने करवाई है पूरे घर के लोग शांत हो गए क्योंकि सूत्रों के मुताबिक ऐसा कहा जाता है ..और.. ऐसा माना जाता हैं की इसमें इनका कोई हाथ नहीं था। यह झूठा आरोप लगाया जा रहा था कि नीरज सिंह की हत्या पूर्व विधायक संजीव सिंह ने कराई है जबकि ऐसा बिल्कुल भी नहीं था, और आज भी लोग यही सुन रहे हैं या इसी चीज की सजा हमारे विधायक काट रहे हैं कि उन्होंने ही नीरज सिंह की हत्या कराई है।

रागिनी का निर्णय

जब रागिनी को इस बात की खबर मिली वो एक बार फिर लड़खड़ा गई। और कुछ समय के लिए एक दम शांत हो गई फिर पूरे परिवार के पास आई और पूछी क्या हुआ क्या बात है?
तब संजीव ने कहा की नीरज की हत्या हुई है और उसमें सीधा आरोप मुझपे लगाया जा रहा हैं समझ नही आ रहा है की क्या करू।

रागिनी की सोच और उनकी तकलीफे उनको भयभीत कर रही थी उनको फिर से वही डर सताने लगा था जो कि बीता हुआ कल था, जो राजीव के साथ हुआ था राजीव जी अपनों के कहने के मुताबिक अपना घर छोड़कर चले गए थे और आज तक लौट कर नहीं आये? और आज फिर से वही इतिहास दोहराने वाली थी जिसमें रागनी को कुछ ठीक नहीं लग रहा था और ठीक लगता भी कैसे क्योंकि एक तो राजीव को खो देना फिर संजीव को खोने का डर उनको सताने लगा तब आखरी में रानी कहती है

उस समय भी लोग वही दोहरी चाल चलने बैठे थे। फिर से लोग कही न कही वही चाह रहे है जो
सबने फिर से वही नसीहत दुबारा दे दी की संजीव तुम कुछ दिन के लिए हट जाओ सब शांत होने पे वापस आजाना।
रागिनी इसी बात पर बौखला कर बोली थी नही कोई यहा से कही नही जायेगा जो होना होगा यही होगा ये नही जायेंगे कही और क्यू भागेंगे यहां से, हत्या विधायक जी ने की हैं, नही ना तो क्यू जायेंगे ?

रागिनी ने उस वक्त यह कहा था कि आप मीडिया बुलाइए अपनी बात रखी है और खुद को आत्मसमर्पण कर दीजिए ।

तभी संजीव सिंह ने रागिनी के कहने पर मीडिया के साथ एक मीटिंग रखी और खुद को आत्मसमर्पण कर दिया।

उस वक्त पत्रकारों का सवालों का जवाब देते हुए पूर्व विधायक संजीव सिंह

• उस वक्त पत्रकारों , मीडिया के माध्यम से सवालों का जवाब देते हुए पूर्व विधायक संजीव सिंह

पूर्व डिप्टी मेयर नीरज सिंह हत्याकांड: आरोपों का झरिया के पूर्व विधायक संजीव सिंह ने दिया मीडिया के माध्यम से जवाब , कहा हर तरह की जांच के लिए हूं मैं तैयार '

• पूर्व झरिया विधयाक संजीव सिंह वक्तव्य: धनबाद के पूर्व डिप्टी मेयर स्वर्गीय नीरज सिंह की हत्या के 2 दिन बाद अपने ऊपर लगे रहे आरोपों को लेकर झरिया के पूर्व विधायक संजीव सिंह मीडिया के सामने आए थे। झरिया पूर्व विधायक संजीव सिंह ने अपने ऊपर लगाए गए आरोपों को बेबुनियाद बताया और कहा था कि जिस तरह पूरे धनबाद इस घटना से हतप्रभ है , उसी तरह मुझे भी आघात पहुंचा है। यह पूरी तरह जांच का विषय है, जहां तक मेरे सहयोग की बात है तो मैं इस पूरे मामले की जांच में साथ देने को तैयार हूं।" मैं धनबाद छोड़कर कहीं नहीं जाऊंगा

" |

•

प्रशासन जब बुलाएगी हाजिर होंगे

•

पूर्व विधायक ने कहा कि इस मामले में पुलिस प्रशासन जब भी पूछताछ के लिए बुलाएगा हाजिर हो जाएंगे। साथ ही उनके अनुज वह अन्य आरोपी भी जांच टीम के सामने कभी भी पेश होने को तैयार है। वे लोग धनबाद में ही रहेंगे। पूर्व मंत्री बच्चा सिंह द्वारा स्वर्गीय नीरज सिंह हत्याकांड में उनके हाथ होने के आरोप पर विधायक ने कहा "नो कमेंट" पुलिस प्रशासन को जांच करने दीजिए।

नीरज हत्याकांड में BJP विधायक ने किया आत्मसमर्पण

पूर्व झरिया विधायक संजीव सिंह का आत्मसमर्पण

झरिया से भारतीय जनता पार्टी के विधायक संजीव सिंह ने सरायढेला थाने में आत्मसमर्पण कर दिया।दरअसल उन पर पूर्व उपमहापौर नीरज सिंह की हत्या में शामिल होने का आरोप है। गौरतलब है कि उपमहापौर नीरज सिंह की 20 मार्च को हत्या कर दी गई थी। वे अपने वाहन से वापस लौट रहे थे कि रास्ते में मोटरसाइकिल सवारों ने उन पर गोलियां चला दी। नीरज सिंह के ही साथ उनके निजी अंगरक्षक मुन्ना तिवारी निजी सचिव अशोक यादव, वाहन चालक घोलटू की भी मौत हो गई थी।

इस मामले में उनके चचेरे भाई विधायक संजीव सिंह पर हत्या के आरोप लगाए गए थे , जिसके बाद उनके खिलाफ धनबाद न्यायालय ने गिरफ्तारी वारंट जारी किया था। इस मामले में विधायक संजीव सिंह के अलावा उनके भाई मनीष सिंह, गया सिंह, पिंटू सिंह ओर महंत पांडये को नामजद अभियुक्त बनाया गया।

गौरतलब है कि अब तक तीन लोगों को जेल भेज दिया गया है। जिनमें संजय सिंह, धनन्जय सिंह, पिंटू सिंह के नाम हैं। संजय सिंह के भाई रंजय सिंह की हत्या भी 29 जनवरी को हो गई थी। गौरतलब है कि नीरज सिंह हत्याकांड की जांच स्पेशल इन्वेस्टिगेशन टीम द्वारा

की जा रही है। इस मामले में झारखंड के मुख्यमंत्री रघुवर दास ने जांच के आदेश दिए थे।

की जा रही है। इस मामले में झारखंड के मुख्यमंत्री रघुवर दास ने जांच के आदेश दिए थे।

10

नयी रागिनी

रागिनी सिंह ने राजनीतिक में आने का लिया फैसला

रागिनी की जुबानी :

रागिनी ने पहले पति को खोना, फिर पिता को खोना और फिर पति को खोने के डर। यह सारी चीजें इतनी ज्यादा झेलने के बाद भी रागिनी अंदर से काफी मजबूत थी। यह सारी चीजें उन्हें तोड़ नहीं रही थी। कहीं ना कहीं और ज्यादा मजबूत और कठोर कर रही थी। रागिनी के जहन से हमेशा एक आवाज आती थी कि उठा रागिनी जो हुआ उसके लिए रो मत रो कर कुछ नहीं होगा अब और क्या-क्या खोएगी। अब जो बचा है उसको बचाने में लग जा।

कुछ अपनों का ताना इस कदर रागिनी को झकझोर कर रख दिया
मानव जनता ही उनके लिए सर्वोपरि होगई हो

तरना यह जो , तेरे परिवार के दुश्मन ,जो अपनों का
चोला पहनकर तेरे परिवार के बीच बैठे है। यह सब नाश
कर देंगे। ये लोग यही चाहते हैं। तू और तेरा परिवार

सब-कुछ बिखर जाए।
फिर रागिनी ने अपने मन की बात सुनी और इस पर फैसला ली , कि हां मैं राजनीति में आऊंगी........

घर से लेकर बाहर तक हर इंसान ने रागनी का मजाक बनाया था , हर लोग यही कह रहे थे। कि यह हमेशा घर के चारदीवारी के अंदर रहने वाली औरत क्या करेगी इस से कुछ नहीं होगा। यह 2 दिन के बाद दुबारा घर के अंदर जाकर छिप जाएगी।

झरिया चुनाव मे रागिनी की एंट्री

झरिया चुनाव मे रागिनी की एंट्री

झारखंड विभानसभा चुनाव 2019 को लेकर बीजेपी (BJP) ने रविवार को 52 उम्मीदवारों के नामों की सूची जारी कर दी थी। बीजेपी के कार्यकारी अध्यक्ष जेपी नड्डा ने नई दिल्ली में प्रत्याशियों के नामों का ऐलान कि थी।

2019 चुनाव इस बार बीजेपी ने झरिया विधानसभा संजीव सिंह को टिकट न देकर उनकी पत्नी रागिनी सिंह को अपना उम्मीदवार बनाई थी ।

टिकट मिलने के बाद सोमवार को पहली बार रागिनी सिंह झरिया कतरास चौक स्थित पार्टी कार्यालय पहुंची। इस दौरान वहां मौजूद जनता, मजदूर, समर्थकों व बीजेपी कार्यकर्ताओं ने उनका भव्य स्वागत किया। झरिया से बीजेपी का टिकट मिलने के बाद प्रत्याशी रागिनी सिंह ने सोमवार से अपना जनसंपर्क अभियान और तेज कर दिया है। क्यों रागिनी के पास कम समय था झरिया को समझने को ?

स्वर्गीय सूर्यदेव सिंह और माता कुंती की बहू किसी भी परेशानी का आगे बढ़कर सामना करती हैं

झरिया से बीजेपी प्रत्याशी रागिनी सिंह ने बताई कि जब भी सिंह मेंशन पर कोई आफत आई है, तो पहले मेरी माँ यानी माता कुंती अब उनकी बहू ने आगे बढ़कर ,हर चुनौतिओं का सामना करने को तैयार है। और बताई कि विधायक संजीव सिंह ने जेल से ही चुनाव लड़ने की इच्छा जताई थी।

हालांकि बीजेपी से टिकट मिलने के बाद उनकी पत्नी रागिनी झरिया में जोरशोर से जनसंपर्क अभियान में लगी थी। संजीव सिंह से पहले उनकी मां कुंती सिंह भी झरिया से बीजेपी के टिकट पर विधायक रह चुकी थी

" 2019 में झरिया विधानसभा में चुनाव हुए थे जिस मे रागिनी को हार का सामना करना पड़ा "

जहां तक मेरी राय ? झरिया की जनता " कही सुनी बातो "से रूबरू करवाने जा रही हूँ

2019 में झरिया विधानसभा में चुनाव हुए थे।
जिस मे रागिनी को हार का सामना करना
पड़ा। रागिनी चुनाव हारी मगर , दिल जीतने
के हो गई काबिल
भटकती नाव से रागनी को , अब उसे मिल
गया जनता का साहिल।
चुनाव हारने का अफ़सोस क्यों करें रागनी ,

आप सबका प्यार चाहिए था ,वो हो गया रागिनी का सहारा।

चुनाव से पहले हर प्रत्याशी समाज सेवा की बड़ी-बड़ी बातें करता है ? लेकिन एक सच्चा समाज सेवक चुनाव से पहले भी और चुनाव हारने के बाद भी समाज सेवा के अपने कार्य को जारी रखता है। 'जो कि रागिनी मे दिखते है '। चुनाव में सिर्फ एक प्रत्याशी जीतता है और बाकी प्रत्याशियों को हार स्वीकार करना पड़ती है ,यही लोकतंत्र की ख़ूबसूरती है। सूत्रों के मुताबिक "माना और देखा" , भी जा रहा है झरिया विधानसवा मे , चुनाव हार के बाद भी रुकी नहीं रागिनी।

मुझे रागिनी जी की " एक बहुत सुंदर सी बातें" जो मुझे याद आ गई । मैं आपसे रूबरू करवा रही हूँ ।

रागिनी कहती है। .....
जनता के साथ खड़ी रहूँगी , भले ही चुनाव हार गई हूँ।
मत सोचना कि मैं डर कर बैठ जाऊगी विकास की हर लड़ाई लड़ूंगी , भले ही चुनाव हार गई हूँ।चुनाव हारने का यह बिल्कुल मतलब नहीं कि हम समाज सेवा नहीं करेंगे ,समाज सेवा और समाज सुधार जारी रहेगा।

झरिया से विधानसभा चुनाव में हार के बाद रागिनी सियासत के हर रूप को समझने लगी है। सियासत में महज कुछ साल के अनुभव के बाद रागिनी के पास हर तरह के बोली हैं।

Fiction

मेरे कुछ सवालों के जवाब रागिनी की जुबानी

•

झरिया विधानसभा 2019 का चुनाव क्या आपके लिए चुनौतीपूर्ण था क्योंकि आप एक हाउसवाइफ थी?

रागिनी का जवाब..: हां झरिया विधानसभा 2019 का चुनाव मेरे लिए काफी चुनौतीपूर्ण रह चुका था। क्योंकि आपने भी अभी इस चीज का अंदाजा लगा लिया कि, मैं एक हाउसवाइफ थी। मुझे यह कहने में जरा भी हिचकिचाहट नहीं होगी कि मैं हाउसवाइफ नहीं थी। मैं 20 सालों तक हाउसवाइफ रही हूं और अपने घर को संभाला है। बाकी मुझे शुरू से इन सब चीजों में रूचि नहीं रही है और हां आज मैं अगर कदम बाहर निकाली हूं। तो अपने घर और अपने पति और अपने ससुर के बनाए हुए साम्राज्य के लिए क्योंकि कहीं ना

कहीं यह चीजें फीकी पड़ रही थी।

•

क्या आप के इस फैसले में आपके परिवार और आपके अपनों ने आप का साथ दिया था ?

रागिनी का जवाब..: अगर कहे तो हां भी और ना भी, हां मेरे परिवार का साथ मुझे काफी मिला था क्योंकि यह पूरे परिवार का निर्णय था।

आप बात अगर अपनों की करेंगे तो जी नहीं मेरे अपनों ने मेरा साथ नहीं दिया बल्कि मुझ पर हंसी उड़ाई थी। कि इससे क्या होगा इसको कुछ पता भी है राजनीति के बारे में? यह हमेशा घर के अंदर रही है। यह कैसे बाहर निकलकर लोगों से मिलेगी बहुत सारी नकारात्मक बातें सुनी है मैंने खुद के बारे में। पर आपने भी यह बात जरूर सुनी होंगी कि जब लोग आपको या आपके बारे में बुरा बोलने लगते हैं तो समझ जाइए कि आप बिल्कुल सही जा रहे हैं। तो ठीक मैंने भी ऐसा ही किया मैं इन सब बातों पर ध्यान ही नहीं देती थी और आज आप मुझे देख सकती हैं।

•

आप आज तक झरिया की राजनीति से क्या समझ पाईं ?

रागिनी ने इस सवाल का जवाब हंस कर दिया और बोली कि आपने जो सवाल मुझसे पूछा है, आपके सवाल में ही मेरा उत्तर छिपा है। राज + नीति मैं अपने राज्य को तो समझ चुकी थी पर वहां की नीति और कुछ कूट नीतियों को नहीं समझ पाईं। जिसके कारण या दुर्भाग्यवश मैं 2019 का चुनाव हार गई। झरिया की कुछ कूटनीति थी इसको मैं नहीं समझ पाई क्योंकि इसके पहले मैं घर से नहीं निकली थी और शायद इसलिए मैं हार गई लेकिन मैं हार कर भी जीती हूं मैं बस 1 सीट हार गई पर मैं वह जीत गई जो लोग जीत कर भी नहीं जीत पाए। आज मैं वहां के राज्य को भी समझ गई और वहां की नीतियों को भी समझ गई। आपको पता है मैं हारने के बाद भी झरिया पहुंची वहां के लोगों से मिलती रही उनकी तकलीफों को लगातार हल करने में लगी रही और आज मेरे इसी किए का फल है कि मैं हार कर भी वही सारे काम कर रही हूं। जो एक विधायक करती है या लोग मुझे उस काम के लिए पूछते हैं जिसमें एक विधायक का होना चाहिए तो मैं हारी नहीं हूं मैं हार कर भी जीती हूं।

क्या आपको यह भरोसा था खुद पर कि झरिया की जनता आपको सुनेगी आपको जगह देगी ?

आपने इस सवाल में मेरे पूरे व्यक्तित्व को दर्शाया है कि मुझे झरिया की जनता सुनेगी भी या नहीं? अब आप मुझे एक बात बताइए कि क्या आप मेरे स्वर्गीय ससुर जी (स्वर्गीय सूर्यदेव सिंह) को जानती हैं , क्या उन्हें पता था झरिया आने से पहले वह यहां आने के बाद मजदूरों के मसीहा बन जाएंगे नहीं ना ? या आप कोई भी काम बिना किए हुए यह मान लेती हैं कि यह काम सफल होगा या नहीं?

मैंने कहा नही बिना किए कैसे

तो मैं यह भरोसा पहले ही कैसे कर लेती कि मुझे झरिया की जनता सुनेगी या नहीं ? आज जो आप यह सारी चीजें देख रही है या सुनती हैं मेरे बारे में कि मुझे वहां के लोग आज कितना प्रेम आदर और सम्मान देते हैं या दे रहे हैं तो वह इसलिए नहीं क्योंकि उनके अंदर मैंने डर

और खौफ जगाया है नहीं ना ?

मैंने विश्वास जीता है मैं झरिया के एक एक लोग को अपने परिवार का हिस्सा मानती हूं।

उन्हें दर्द या तकलीफ हो तो उससे मुझे काफी दर्द होती है वहां के बच्चे मेरे बच्चे हैं वहां की औरतें मेरी बहन और माँ है, तो यह बताइए कि जब आपके खुद के बच्चे या मां भाई बहन के ऊपर तकलीफ आती है तो क्या आपको तकलीफ नहीं होती तो क्यों मुझे तकलीफ नहीं होगी।

वहां के लोगों के विश्वास को मैंने अपनी मेहनत से सींचा है और मैं झरिया पर एक गलत नजर भी बर्दाश्त नहीं कर सकती ना करूंगी। यहां का हर एक घर मेरा घर है यहां के हर एक लोग मेरे लोग हैं, मैंने अपने ससुर को देखा नहीं है पर जो सुना है उससे यह अंदाजा बखूबी लगा सकती हूं कि वह कैसे होंगे और आज मैं उन्हीं की राह पर चल रही हूं और आगे भी चलती रहूंगी और आज लोग मुझे देखकर यह कह भी देते हैं कि यह स्वर्गीय सूर्यदेव सिंह की परछाई है रागिनी।

जनता की सेवा में रागिनी

'कोरोना काल में राशन का वितरण करती हुई रागनी'

कहते हैं ना कि हर किसी को अपनी वफादारी दिखाने का मौका एक बार जरूर मिलता है रागिनी तो अभी राजनीति के मैदान में आई ही थी और तब तक कोरोनावायरस ने दस्तक दे दिया। रागिनी चाहती तो अपनी जनता की सेवा पर रोक लगा सकती थी क्योंकि वह भी संक्रमित हो सकती थी ऐसा डर उनके जेहन में

भी आ सकता था, पर उनको ऐसा डर आया ही नहीं और वो लग गई अपनी जनता की सेवा में हर कोई करोना से वाकिफ है और इस महामारी के बारे में अब तो सोच कर भी हमारे रोंगटे खड़े हो जाते हैं।

हो भी क्यों ना यह महामारी कुछ थी ही ऐसी और तो और दो चरण में आ गई हर किसी के हालत को बद से बदतर कर दिया इस महामारी में कितनों के घर के घर उजड़ गए और कितनों के घर होकर भी बेघर हो गए।

इस महामारी में भी रागिनी एक पाव पर खड़े होकर अपनी जनता की सेवा करती रही यह भी डर से वह पीछे नहीं हटी कि वह भी इस महामारी से संक्रमित हो सकती है। बिना अपने और अपनों की जान की परवाह किए लगातार जनता की सेवा में लगी रही।

यहां तक कि जनता की सेवा करने के लिए घर में आकर भी वह अपने बच्चों से महीनों तक दूर रहती थी अलग कमरे में रहती थी उन्होंने जनता की सेवा में ममता को भी त्याग दिया था।

उन्होंने ना दिन देखा और ना रात बस जनता की सेवा में लगी रही क्योंकि उन्हें यह परिस्थिति कबूल नहीं थी।

ना जाने कितने कितने अनगिनत मास्क सैनिटाइजर इन्होंने उपलब्ध कराए होंगे या जनता के बीच उन्हें दिया होगा गिनती नहीं कर सकते उसकी

ना जाने हर रोज कितने जरूरतमंदों के घर राशन देती थी। कितनों को हर रोज तीन वक्त का खाना खिलाती थी।

सिर्फ राशन और खाना नहीं पैसों से भी ना जाने अनगिनत लोगों की मदद की होंगी। संक्रमित लोगों के लिए तीन एंबुलेंस 24 * 7 चलवाई।

जनता के लिए कोरोना काल मे एंबुलेंस को हरी झंडी देकर सहायता करती रागिनी

कितने लोगों के इलाज का खर्चा उठा लिया था उन्होंने।
और इस महामारी के दौरान उन बच्चों की पढ़ाई तक पर आंच नहीं आने दी रागिनी ने कितने बच्चों को फोन और इंटरनेट उपलब्ध

करवाया ताकि इस महामारी के वजह से बच्चों के भविष्य पर आंच न आए।
हर घर जा जाकर हर किसी की जरूरतों को पूछा और जरूरतों को पूरा भी करा।
रोड पर तैनात पुलिसकर्मी जो इस महामारी के दौरान अपने घर परिवार को छोड़कर अपनी ड्यूटी पर तैनात थे बिना अपनी जान की चिंता किए हुए उन्हें हर रोज खुद से जाकर कर पानी और खाने का सामान उपलब्ध कराती थी और सेल्यूट तक करती थी।

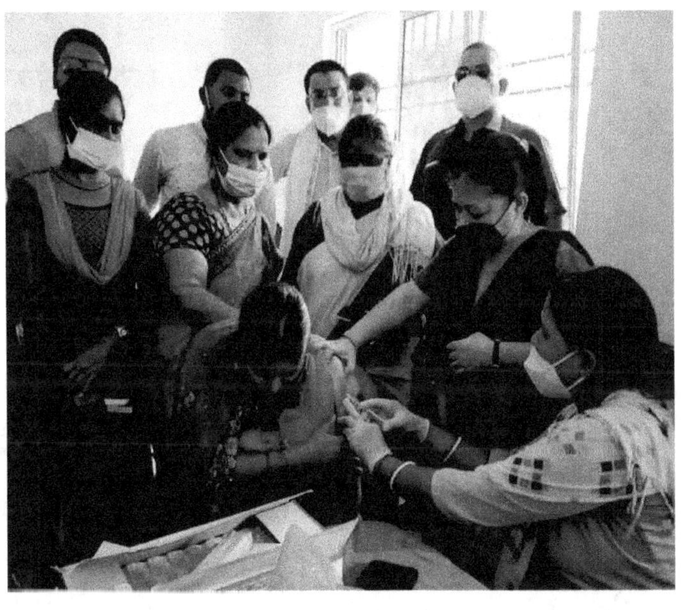

" कुछ और बेफुजूल कि अफवाहों के भ्रम को दूर करती रागिनी "

एक और सबसे जरूरी बात यह हम कैसे भूल सकते हैं याद है जब कोविड-19 कि इंजेक्शन आया था।
तब कुछ लोगों ने यह अफवाह भी उड़ाई थी कि यह इंजेक्शन हमारे लिए सुरक्षित नहीं है। इससे हमारी जान भी जा सकती है और इस कारण से काफी लोग यह इंजेक्शन नहीं ले रहे थे। तब रागिनी ने सारी जनता के सामने जाकर उस इंजेक्शन का पहला डोज खुद लि और यह भरोसा दिलाया कि यह डोज हमारे लिए है इससे हमारी जान और हमारे लोग सुरक्षित होंगे और उसके बाद से लोग इस डोज को लेने भी लगे।

''अब बताइए क्या कोई कमी है हमारी रागिनी की सेवा में नहीं ना।''

इसके बाद भी रागिनी शांत नहीं बैठती है मजदूरों के लिए उनके हित के लिए हमेसा खड़ी रहती है। अभी हाल में सुदमडीह न्यू कॉलोनी में से 650 लोगो को बेघर किया जा रहा था। जाहिर सी बात हर किसी को अपना आशियाना प्यारा होता है। ये लोगो ने गोहर लगाई रागिनी के पास रागिनी खुद कॉलोनी पहुंच कर इस चीज को खारिज करवाई और ये वहा के लोगो को भरोसा दिया की मैं किसी को बेघर नही होने दूंगी।

बात लड़कियों की पढ़ाई की हो या उनकी इजत की हमेसा हर एक बहन बेटी के साथ खड़ी रहती है और उनपे गलती से भी कोई आंच भी अजाए तो किसी को नही बक्शती हैं चाहे वो सत्ता मे बैठा नेता हो या झरिया की पुलिस हर किसी की गलती को सामने ला कर ही दम लेती है। और उस बेटी को न्याय दिलाने में अपनी एड़ी चोटी एक रखती है।

ना जाने कितने ऐसे बच्चे होंगे जिनको रागिनी अपने खर्चे से पढ़ा लिखा रही है क्योंकि उनका एक ही कहना है मेरे रहते हुए कोई भी बच्चा बिना पढ़े नही रहना चाहिए।

हमारे समाज के बहुत ही होनहार बच्चे अपने परिवार की

अर्थिक स्थिती की वजह से अपनी आगे की पढ़ाई पूरी नहीं कर पाते है !

समाज के बच्चे आगे पढ़ेंगे तो ही समाज मजबूत होगा !

हमारे समाज के जो भी परिवार अर्थिक मजबूत हो वे ऐसे बच्चो के लिए कुछ करने के लिए आगे आये .....

इनकी पढाई मे कुछ मदद की जाये ....

मेरी एक और पहल.... ईशिका के लिए.. .... आप भी किसी के जीवन का उजाला बने !!

•

वो शुरू से लेकर आजतक हर इंसान की जरूरत को समझती आई है। उन्होंने है एक नागरिक की तकलीफ को दूर करने का प्रयास करती रही है। जनता की सेवा के लिए तो कभी थकती ही नही है और ना उनके लिए दिन मायने रखता है और ना रात जहा उनकी जरूरत हुई वहा के लिए निकल पड़ती है। हर साल ठंड मे खुद के तरफ से हजारों जरूरतमंद लोगों के बीच कंबल वितरित करवाती हैं। झरिया के मजदूरों को कोई दुख ना इसका ध्यान हमेसा रखती है। अभी झरिया मे एक काफी बड़ी संकट चल रही है बिजली और पानी की इसके लिए वो लगातार कोसिस मे लगी है की इस संकट को जल्द से जल्द दूर करे।

•

हर साल दिवाली में झरिया के मजदूरों के घर खुद से जा-जा कर दिए और मिठाई बांटती है क्युकी इनका कहना है हर घर रोशनी जरूरी हैं। सिर्फ दिवालि ही

नही हर त्योहार वो सबसे पहले झरिया के जनता के साथ मनाती है।

झरिया विधानसभा क्षेत्र के लोग उड़ते धूल के कारण मौत का सामना हर दिन कर रहे हैं लेकिन कुछ नही कर पा रहे है कारण बेबस है !

जी हां मैं बात कर रही हूं ओपनकास्ट माइंस ओर उससे हो रहे डंपिंग के उड़ते धूल से होने वाली समस्याओं की

यही सब समस्या को लेकर रागनी सिंह बी सी सी एल सीएमडी गोपाल सिंह से मिली और राजा शिव प्रसाद महाविधलय को पाथरडीह कोल वाशरी चेकपोस्ट या लोदना छेत्र के लछमी कॉलनी के समीप नन कोल वेरिंग भूमि उपलब्ध होने कि बात एवम उक्त अस्थान पर महाविद्यालय निर्माण के लिए उपलब्ध करने कि बात कही

वहीं जर्जर सड़क की मरम्मती एवम ओपनकास्ट माइंस से उड़ रहे धूल से हो रहे लोगो की परेशानियो को लेकर ज्ञापन सौंपा
रागनी सिंह ने पत्रकारों से बात करते हुए कहा कि झरिया कि जनता काफी परेशान है ना तो लोगों को सही से पानी मिल पा रही है ना ही बिजली और लोग इस धूल से काफी बीमार पड़ रहे हैं लेकिन जब

तक हम हैं इन्हें को परेशान नही होने देंगे लोगो के लिए हर संभव लड़ाई लड़ने के लिए हम सदैव तत्पर हैं! रागिनी बीसीसीएल के सीएमडी गोपाल सिंह से मिलकर इन सभी समस्याओं के बारे बताया गया और जल्द ही समाधान के लिए आग्रह किया!

झरिया में लगातार हो रहे हादसों पर रागिनी सिंह ने *BCCL* और प्रशासन को चेतावनी देने से भी पीछे नहीं हटी।

धनबाद।झरिया मे बीते हर सप्ताह में सड़क हादसे में कई लोगो की जान चली गई थी। वही बीते रात सड़क हादसे से मौत के बाद रागिनी सिंह ने कहा कि इन दिनों लगातार झरिया शहर में हाइवा व ट्रक की चपेट में आने से लोगों की मौत हो रही है। झरिया पुलिस प्रशासन इन हादसों को रोकने में विफल साबित हो रही है। यदि बीसीसीएल व जिला प्रशासन नही चेती तो जनता अब सड़क पर उतरकर उग्र आंदोलन को विवश होगी। वही रागिनी सिंह ने कहा कि आए दिन इन यमराज रूपी हाइवा व ट्रक की चपेट में आने से लोगों की जान जा रही है। प्रबंधन एवं जिला प्रशासन हाइवा का रूट निर्धारित करे साथ ही जगह जगह पर स्पीड ब्रेकर भी बनाए बीसीसीएल प्रबंधन झरिया प्रशासन एवं स्थानीय जनप्रतिनिधि की घोर लापरवाही का खामियाजा आम लोगों को चुकाना पड़ रहा है।

अभी यह किताब पूरी नहीं हुई है अभी इस किताब के लिए और काफी सारी कहानियां है जो दूसरे भाग और दूसरे किताब में आएगी।

कारण

मैं इस किताब से या इस किताब की कहानी से किसी की बढ़ाई नहीं कर रही हूं, मैं इस किताब के जरिए हमारी आज की सारी नारी तक ये बात पहुंचाना चाहती हूं, की हम अपनी छोटी-छोटी तकलीफ को अपने जीवन का अंत मान लेते हैं पर सच्चाई यह होती है कि वह हमारे जीवन का अंत नहीं होता, यह जीवन हमें काफी लंबी मिली है।

हमें हर कष्ट से लड़कर, हर तकलीफ को जवाब देकर, अपनी जिंदगी में आगे बढ़ना है, चाहे वह कष्ट और वह तकलीफ किसी भी प्रकार की हो मायने वह नहीं रखता मायने यह रखता है कि आप उस तकलीफ और उस कष्ट में खुद को इतना ज्यादा मजबूत बना कर रखते हैं।

आपको कोई बाहर वाला तब तक नहीं तोड़ सकता जब तक आप खुद मे टूटना तय नहीं करती। तो बाहर की सुनो मैं इस चीज के लिए किसी को भी मना नहीं करती पर एक बात याद रखो आप अच्छा भी करोगे तो दुनिया उसमें बुराई निकालेगी और आप कुछ बुरा भी करोगे तो भी दुनिया आपको बुरा ही कहेगी आप कुछ भी करोगे तो दुनिया कुछ ना कुछ जरूर कहेगी क्योंकि दुनिया का काम कहना है।

करो वही जो आपका दिल और दिमाग कहता है क्योंकि हम अगर छोटे-छोटे कष्ट को और तकलीफ को अपनी जिंदगी का अंत मान लेंगे, तो हम चाह कर भी अपनी जिंदगी में आगे कुछ नहीं कर पाएंगे। इस पूरी कहानी को पढ़ने के बाद यह तो जरूर समझ में आया होगा कि।

जितनी तकलीफ रागिनी ने अपनी जिंदगी में देखी है वह तकलीफ कम नहीं है पर फिर भी वह खुद से नहीं टूटी और उनका जो संकल्प था वह इतना ज्यादा मजबूत था कि उसे कोई हिला नहीं सका।

जिसके कारण आज वह अपने लाखों दुखों को पीछे करके आज हमारे साथ खड़ी है हमारे दुख सुख में हमारे साथ कदम से कदम मिलाकर चल रही है तो हम भी क्यों ना इतने मजबूत बने अपनी जिंदगी में कि हम भी अपने दुख को पीछे करके किसी दूसरे के दुख को कम करने के लायक बने मैं बस इस कहानी से इतना ही कहना चाहूंगी।

तू खुद की खोज में निकल समय को भी तेरी तलाश है,
तू चल तू किसलिए हताश है,
चरित्र जब पवित्र है तो क्यों है यह दशा तेरी,
चरित्र जब पवित्र है तो क्यों है यह दशा,
तेरी पापियों को हक नहीं कि ले परीक्षा तेरी,
तू चल समय को भी तेरी तलाश है
यह तुझसे लिपटी बेड़ियां समझना इनको वस्त्र तू,

यह तुझसे लिपटी बेड़ियां समझना इनको बस्त्र तू
यह बेड़ियां निकालते बना ले इनको शस्त्र तू,
तू खुद की खोज में निकल समय को भी तेरी तलाश है।

यह कविता अमिताभ बच्चन जी की लिखी हुई है तू चल
यह कविता हमें काफी कुछ बताती है मैं इस कविता
को इस किताब में इसलिए लिखना चाहती हूं क्योंकि
यह कविता मैं रागिनी जी को अपनी तरफ से समर्पित
करना चाहती थी।